はじめに

　本書は、ヘ音記号が苦手な生徒さんが、楽しく確実に覚えられるようにと考えて作られたワーク・ブックです。五線の位置は同じでも、ト音記号とヘ音記号の2種類を即座に読めるようにするということは、習い始めの子供たちにとっては案外難しいものです。年齢や進度に関係なく、一時期このヘ音記号だけの特別なワーク・ブックに取り組むことは、ピアノの上達にとても効果があるものと思われます。

　一巻でまん中のドからドシラソファを習い、二巻で低いドからドレミファソと習いました。この三巻では、一巻と二巻の内容を復習しながらヘ音記号のドレミファソラシドを完全にマスターできるようにトレーニングしていきます。新しい音は、上のレと下のシを習いますが、主にドレミファソラシドの習得が大きなテーマとなっています。リズムも、これまでのリズムに加えて二分休符と全休符を習いますが、本書においてはヘ音記号の音の譜読みに特に力を入れています。

　二巻までと同様に、子供たちが意欲を持って取り組めるよう出題形式もできるだけシンプルにし、「どきどきクイズ」は、子供たちが楽しんで解答できるように作られています。また、書くだけでなく、実際の譜読み練習も含まれており、このワーク・ブックに真剣に取り組むことによりかなりの実力をつけることができます。

　本書は、サーベル社より既刊の「こどものひだりて③」に対応する形で書かれていますので、ワーク・ブックのみ単独で使っても効果はありますが、併用することによりさらに効果を上げることができます。

　本書が、実りある楽しいレッスンのためにお役に立てば幸いです。

2018年2月

遠　藤　蓉　子

もくじ

どれみふぁそのふくしゅう …………… 4	どきどきクイズ 6 …………… 31
2ぶきゅうふとぜんきゅうふ …………… 6	たかいれのおけいこ …………… 32
どれみふぁそらしどのおけいこ …………… 8	どきどきクイズ 7 …………… 37
どきどきクイズ 1 …………… 9	どきどきクイズ 8 …………… 41
どきどきクイズ 2 …………… 13	どきどきクイズ 9 …………… 45
どきどきクイズ 3 …………… 17	どきどきクイズ 10 …………… 49
ひくいしのおけいこ …………… 18	どきどきクイズ 11 …………… 51
どきどきクイズ 4 …………… 23	どきどきクイズ 12 …………… 53
どきどきクイズ 5 …………… 27	どきどきクイズ 13 …………… 54

どれみふぁそのふくしゅう（2かいかきましょう）

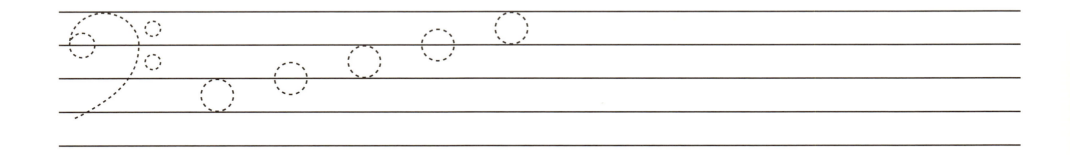

おんぷをよみましょう

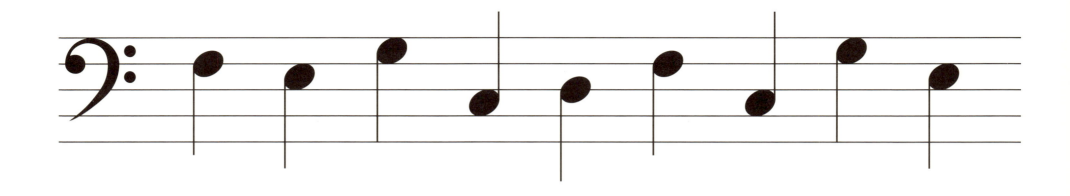

せんでむすびましょう

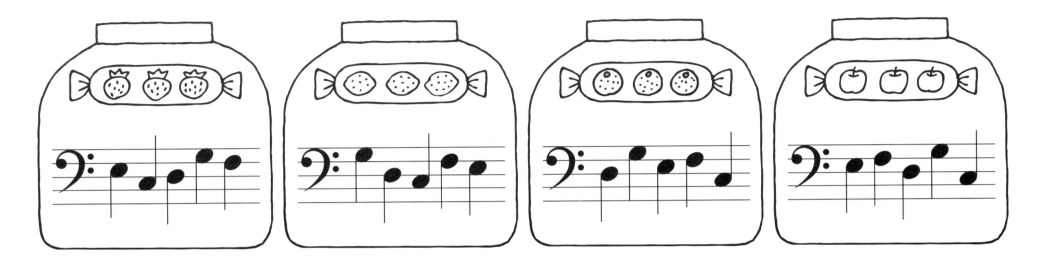

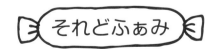 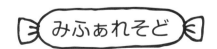 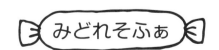 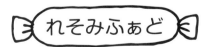

せんでむすびましょう（4/4のとき）

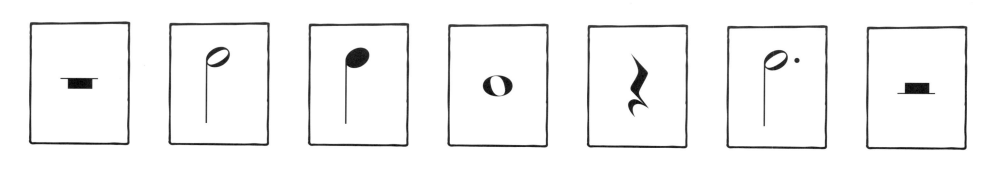

 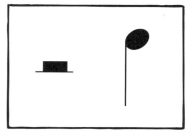 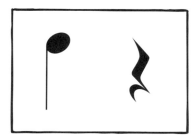 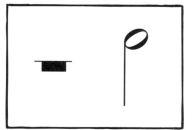 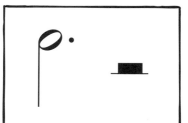

おんぷをかきましょう

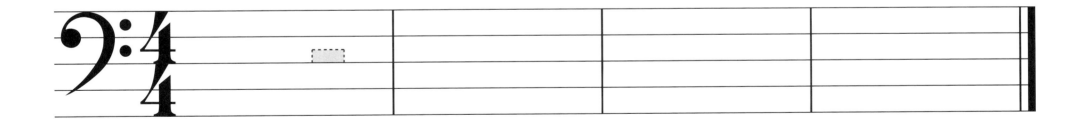

そ － み ふぁ れ ど み － ふぁ れ そ み れ そ ど －

ど ふぁ（うん うん） そ み（うん うん） れ（うん） み（うん） ど － －（うん）

どれみふぁそらしどのおけいこ

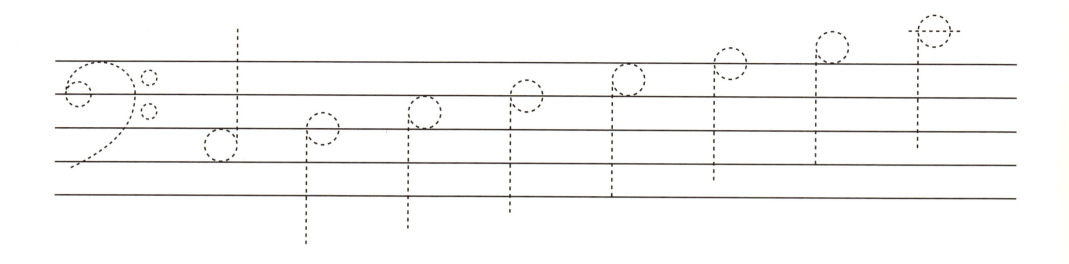

おんぷをよみましょう

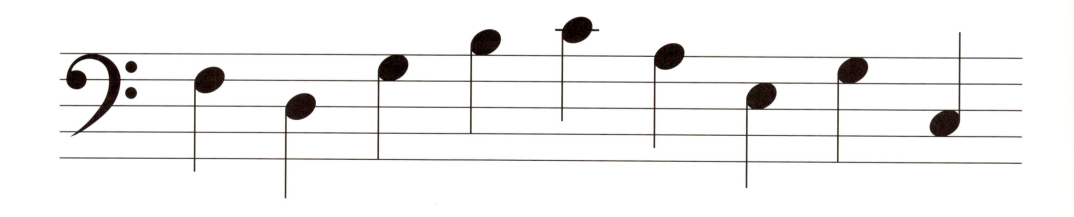

☆ここでは便宜上低い方のドは「ど」、まん中のドは「ど」としています。

おんぷをかきましょう

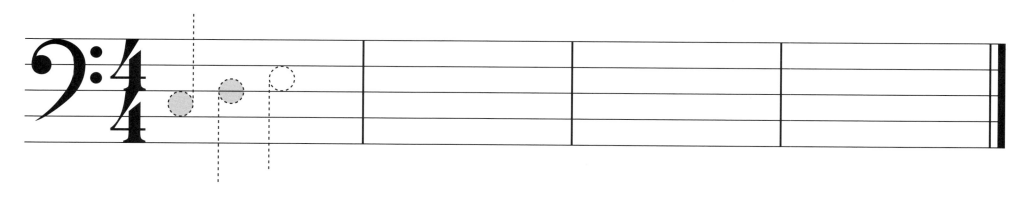

ど れ み － ふぁ そ ら － し ど し － ら そ ど －

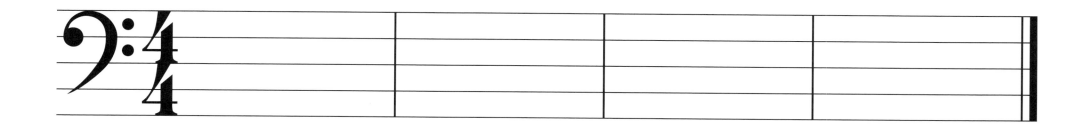

ど そ (うん うん) ら ふぁ (うん うん) そ し (うん うん) み ど (うん うん)

せんでむすびましょう

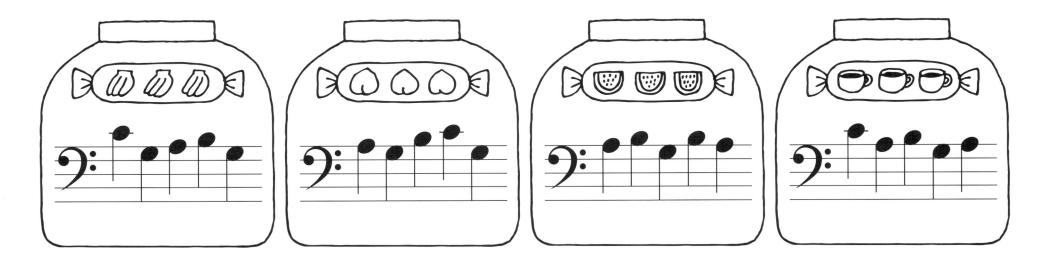

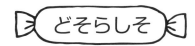
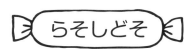
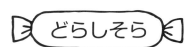

おんぷをよみましょう

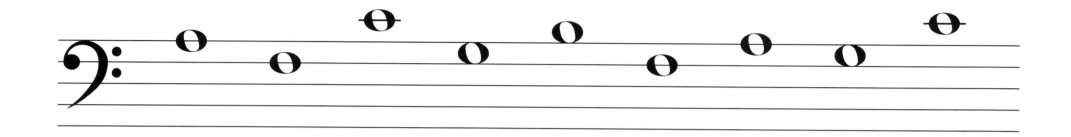

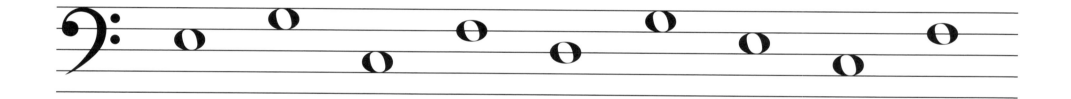

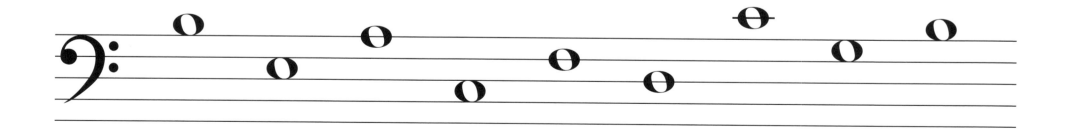

どきどきクイズ2　おさいふとおかねをせんでむすびましょう

おんぷをかきましょう

ど そ み ど　ふぁ れ み そ　し ふぁ ら れ　そ み ど ー

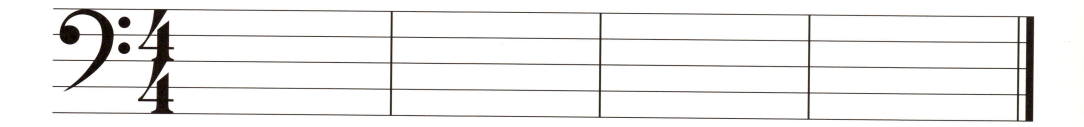

れ ー ー ら　み ー ー し　そ れ ふぁ ど　し そ ど ー

おんぷをよみましょう

コーヒーカップのなかにおとのなまえをかきましょう

どきどきクイズ３　　ただしいものは〇、まちがっているものは×をしましょう

わたしの３ばんめは「れ」で
５ばんめは「み」です

（　）

わたしのなかに
「し」と「ら」はありません

（　）

わたしのなかに
「ど」はありません

（　）

わたしのなかには
「み」が２つあります

（　）

わたしの２ばんめと
５ばんめは「ふぁ」です

（　）

わたしのなかには「し」と
「そ」が２つずつあります

（　）

ひくいしのおけいこ

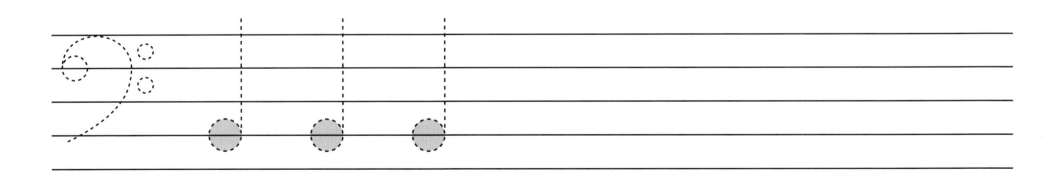

☆ここでは便宜上低いシを「し」としています。

おんぷをよみましょう

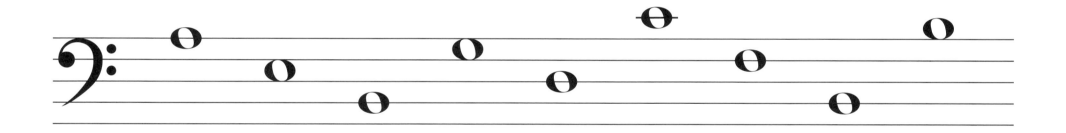

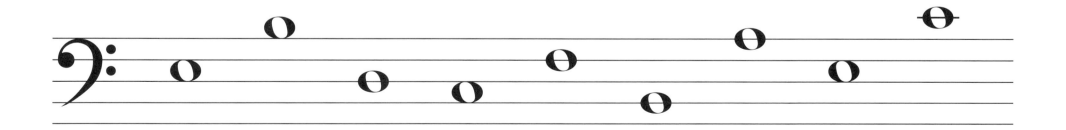

おんぷをかきましょう

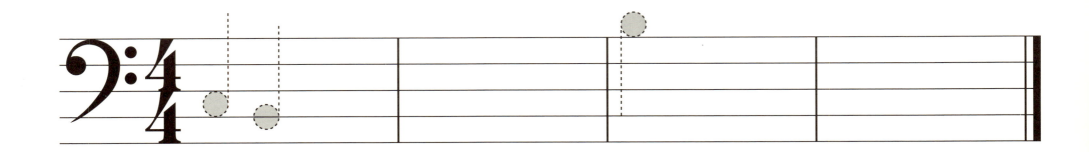

ど し ど み ふぁ － ら － し そ ふぁ れ み そ ど －

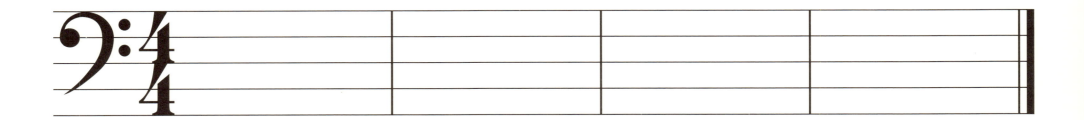

ど み そ み し れ そ ふぁ み そ ら ふぁ れ し ど －

せんでむすびましょう

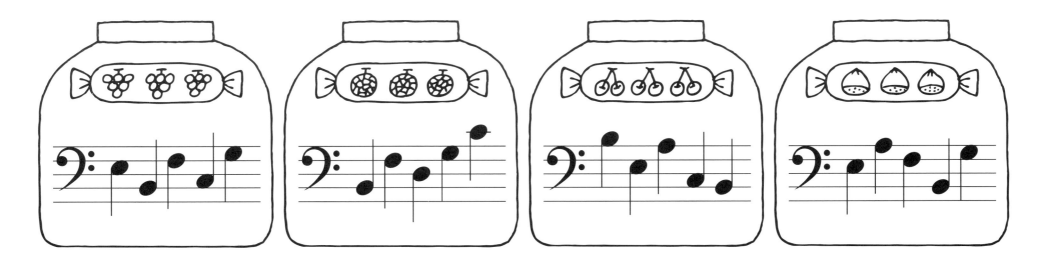

  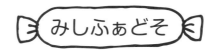 

コーヒーカップのなかにおとのなまえをかきましょう

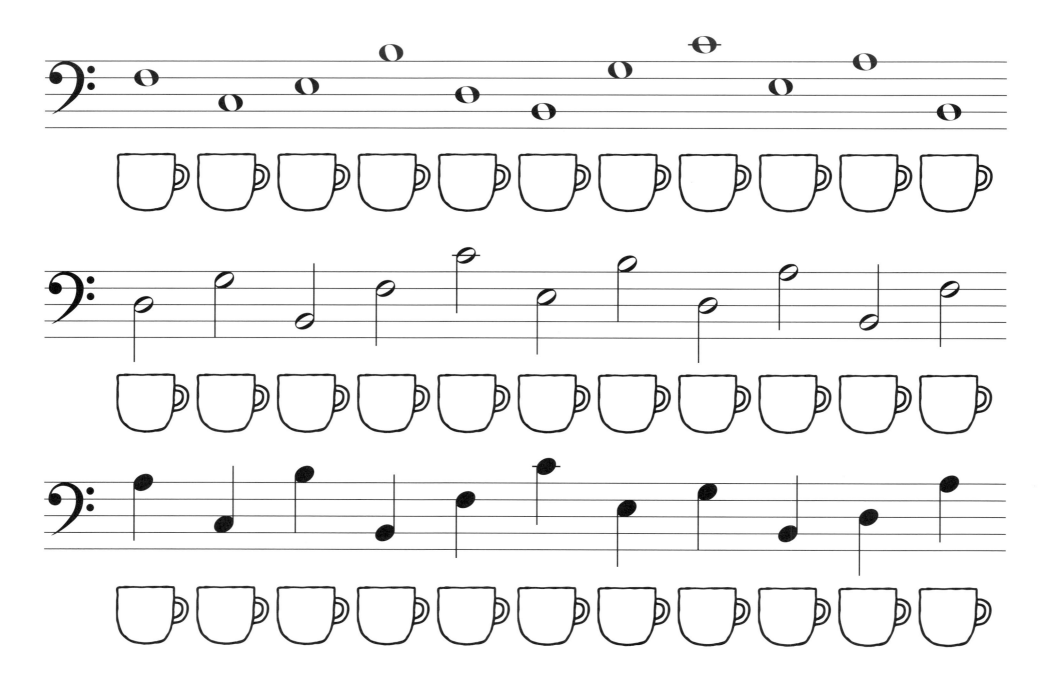

どきどきクイズ 4　　きんぎょをせんでかこんできんぎょばちにいれましょう

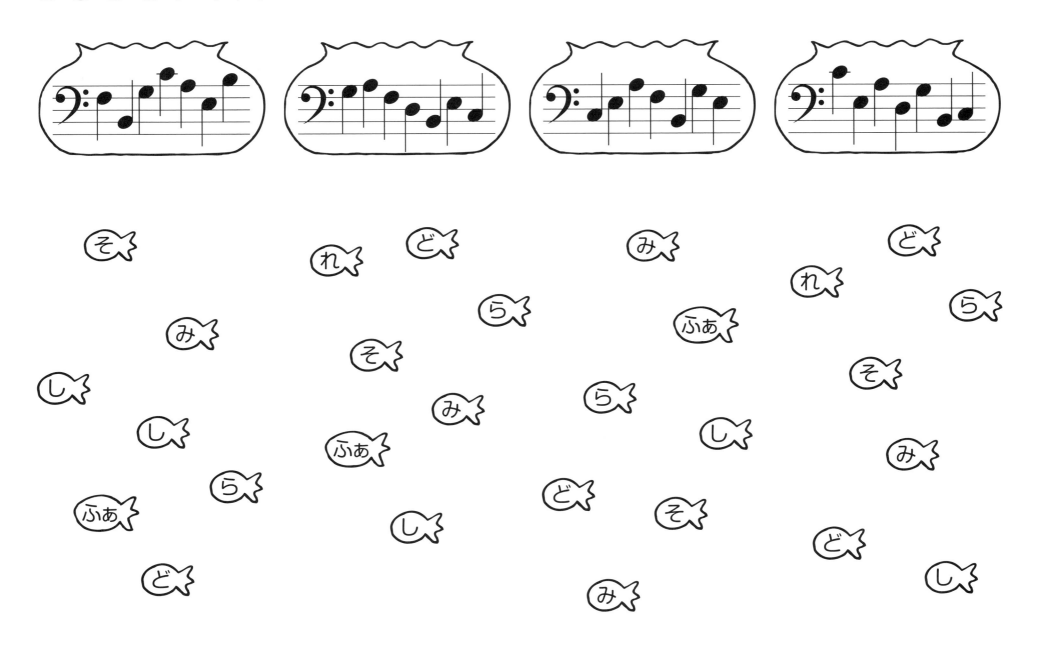

おんぷをかきましょう

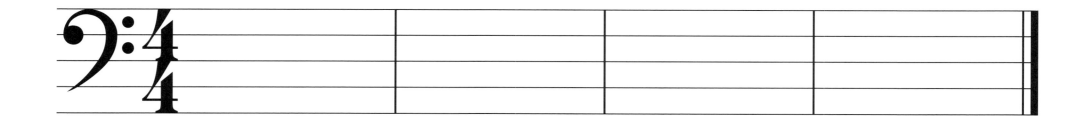

し れ ど み れ ふぁ み そ ふぁ ら そ し ど ー ー ー

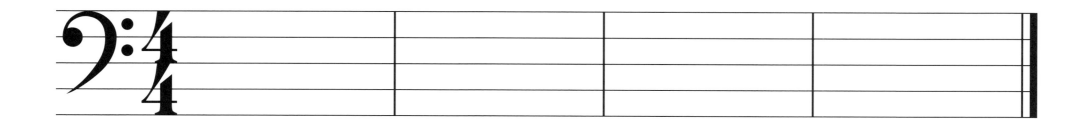

み そ ら (うん) ふぁ れ し (うん) そ ど ふぁ れ し れ ど (うん)

おんぷをよみましょう

アイスクリームのなかにおとのなまえをかきましょう

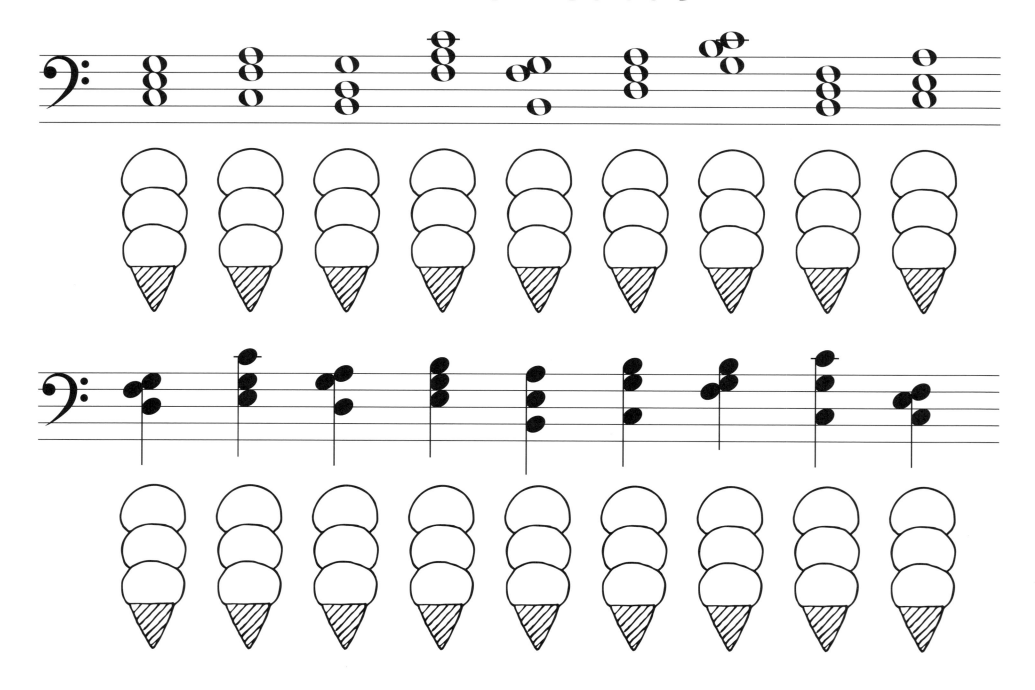

どきどきクイズ5　みちしるべのとおりにおうちをせんでむすびましょう

みちしるべ　れ → ら → し → ふぁ → ど → そ → み → れ → ど → し → そ → ふぁ → ら

おんぷをかきましょう

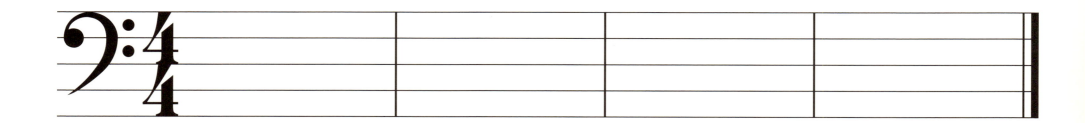

ど そ み そ し そ れ そ し そ ふぁ そ み そ ど ー

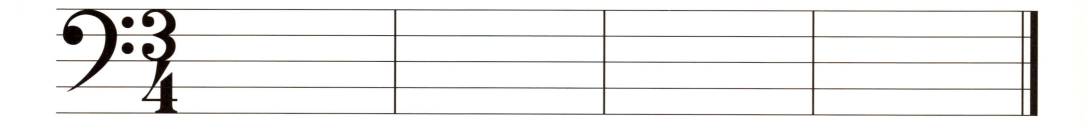

ど み そ ど ふぁ ら し れ そ ど ー ー

せんでむすびましょう

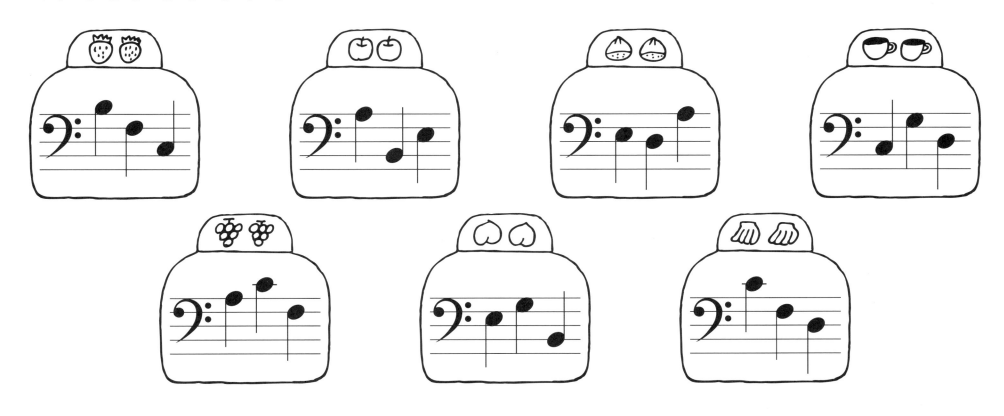

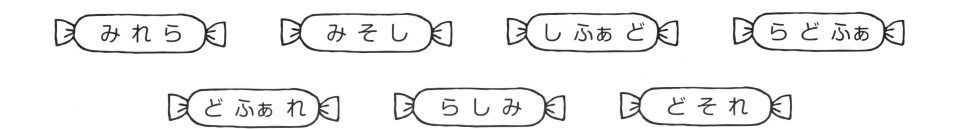

コーヒーカップのなかにおとのなまえをかきましょう

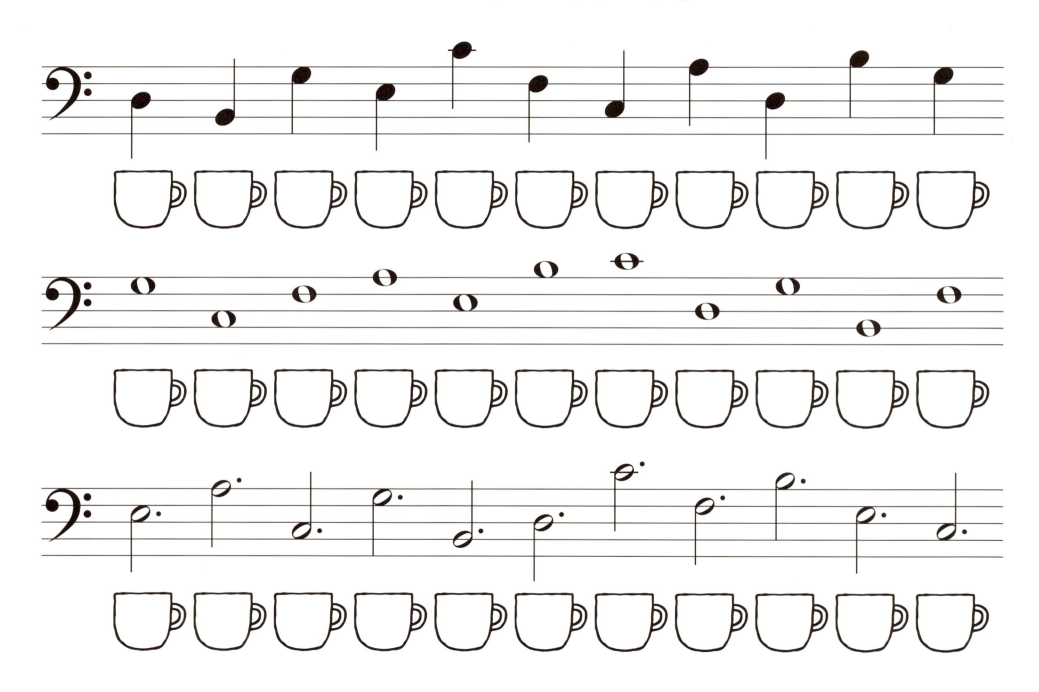

どきどきクイズ６　　くまさんのはちみつをさがしましょう

たかいれのおけいこ

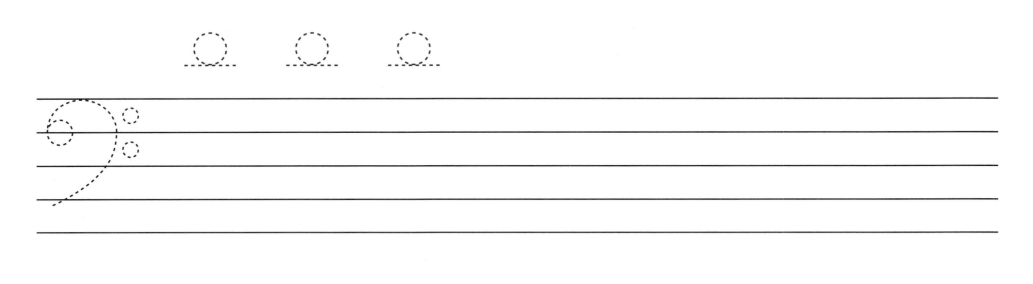

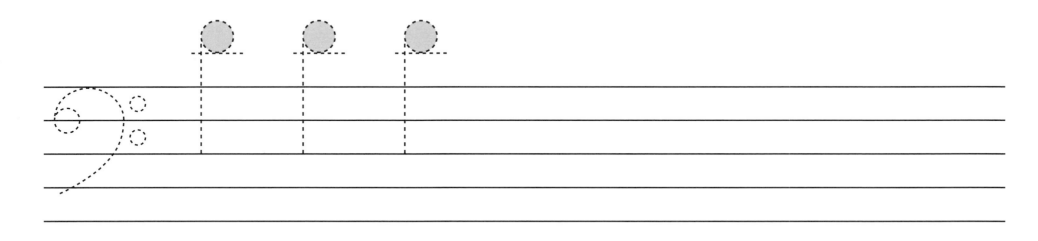

☆ここでは便宜上高いレを「れ」としています。

おんぷをよみましょう

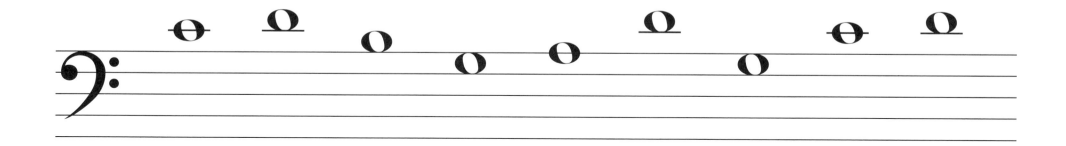

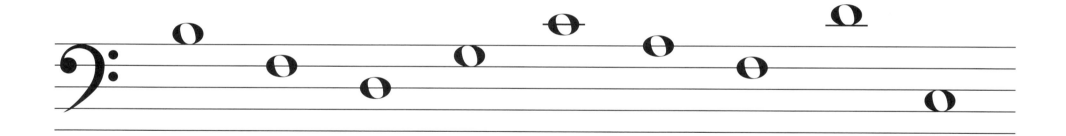

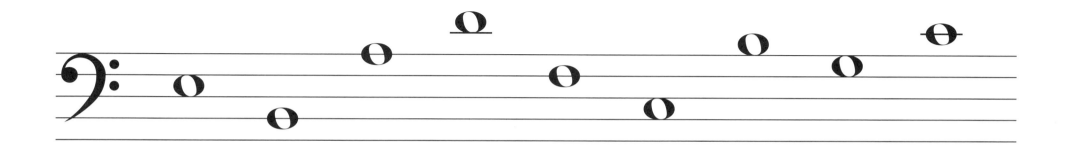

おんぷをかきましょう

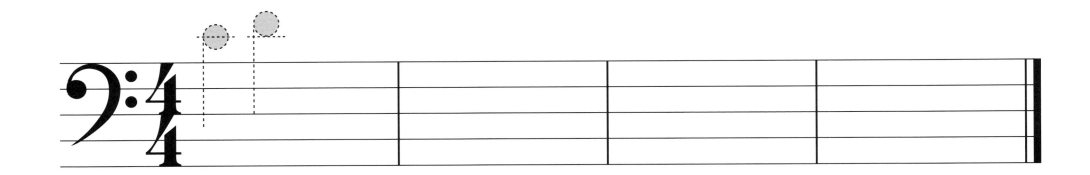

ど れ ど し れ ら ど ー し れ そ し れ ー ど ー

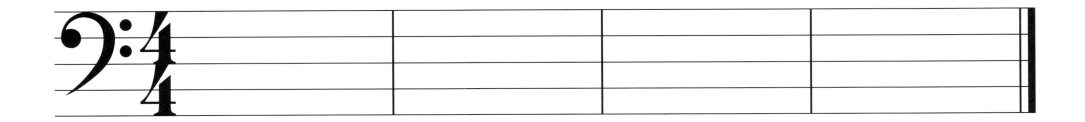

れ ど し ー ら れ ど ー れ し ど ら そ し そ ー

せんでむすびましょう

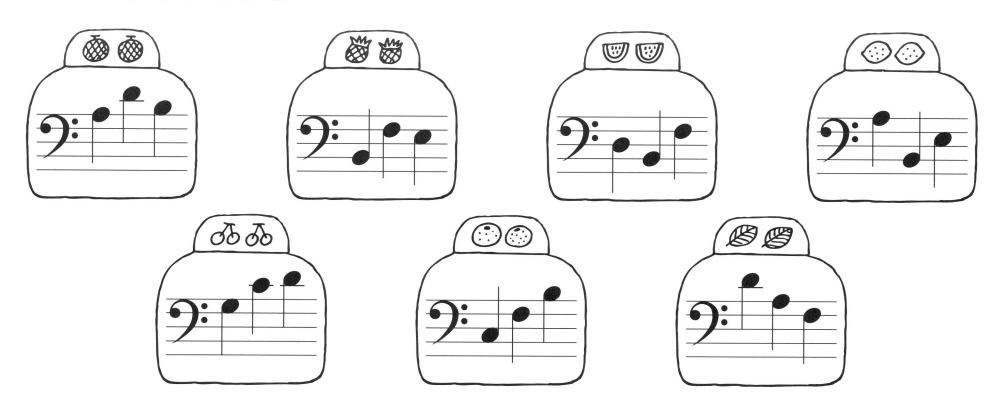
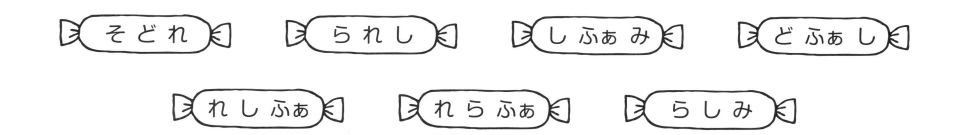

コーヒーカップのなかにおとのなまえをかきましょう

どきどきクイズ7　ただしいものは〇、まちがっているものは×をしましょう

おんぷをかきましょう

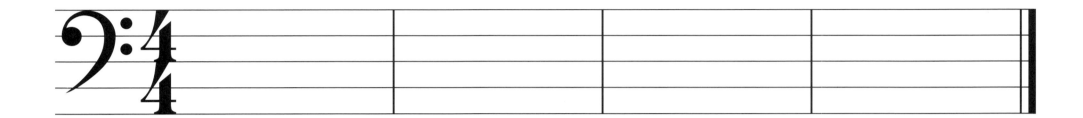

そ れ ら れ し れ そ ー れ ふぁ ら そ ど し ど ー

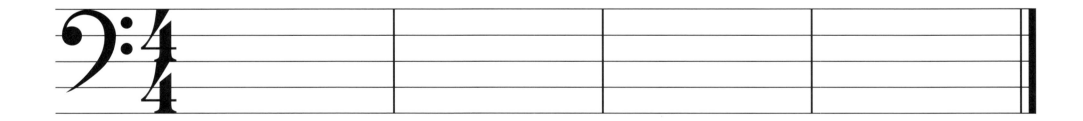

ど み れ そ ら ど し そ れ ど ら ふぁ み そ ど ー

おんぷをよみましょう

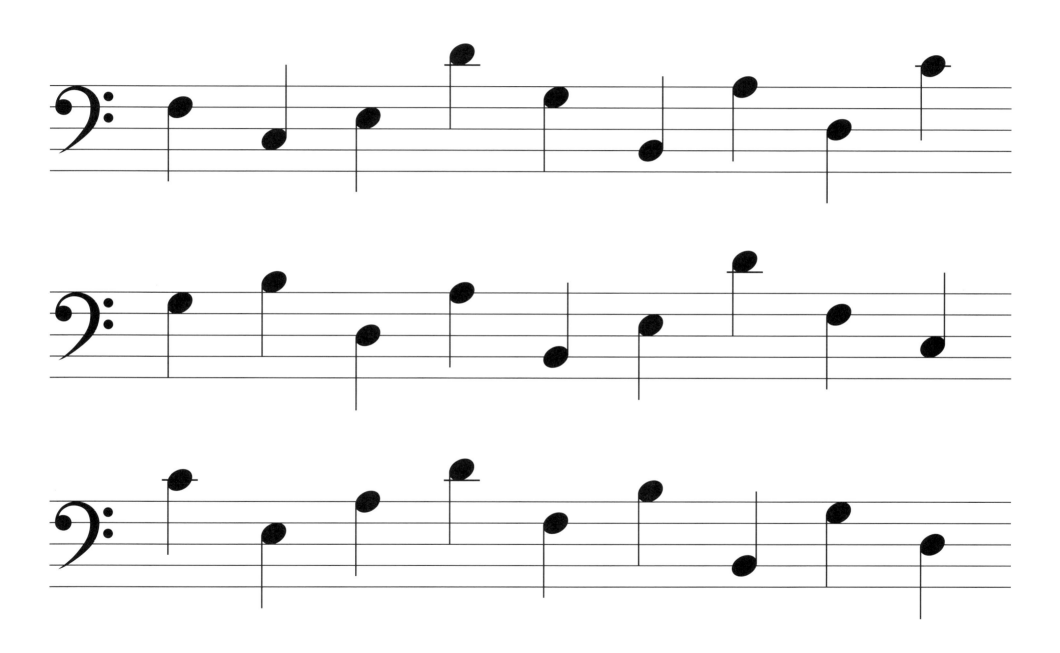

アイスクリームのなかにおとのなまえをかきましょう

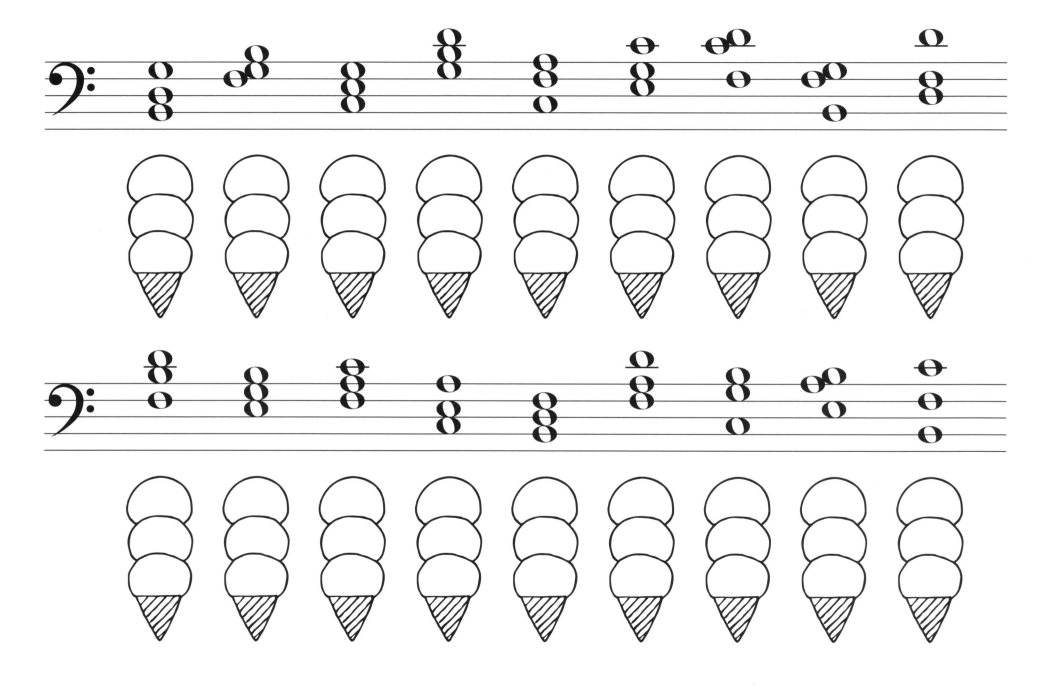

どきどきクイズ 8　みちしるべのとおりにおうちをせんでむすびましょう

みちしるべ　そ → れ → し → ふぁ → ど → み → ら → ふぁ → ど → し → み → れ → そ

おんぷをかきましょう

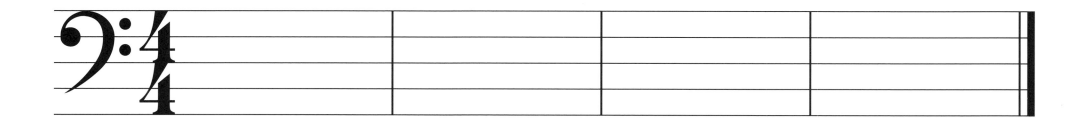

せんでむすびましょう

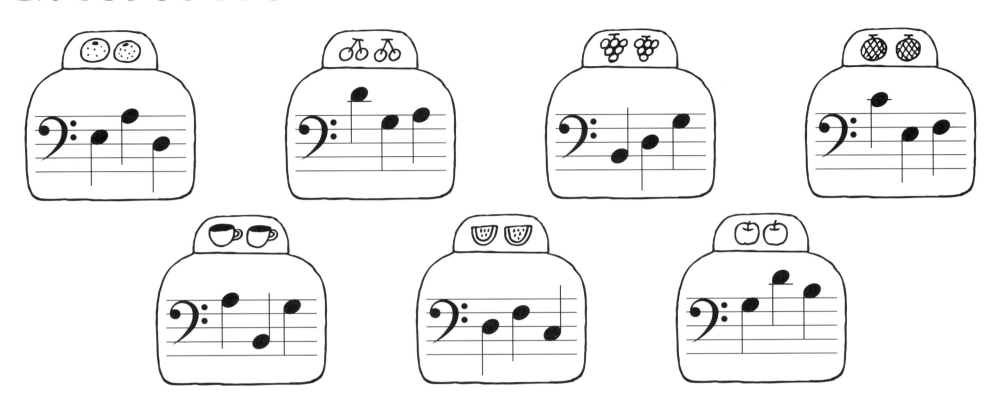

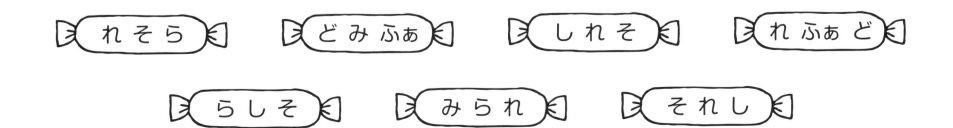

コーヒーカップのなかにおとのなまえをかきましょう

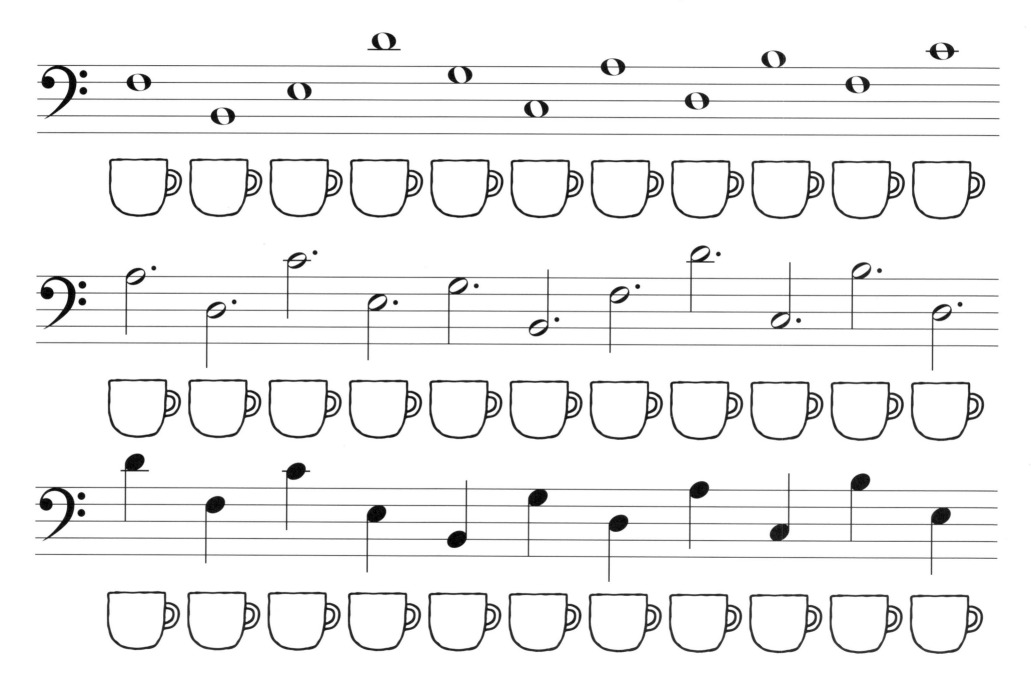

おんぷをかきましょう

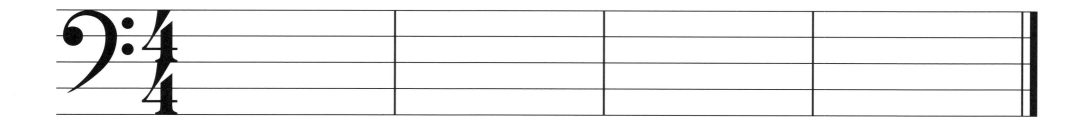

そ し ど ふぁ み ー れ ー ら ど し れ ど ー ー（うん）

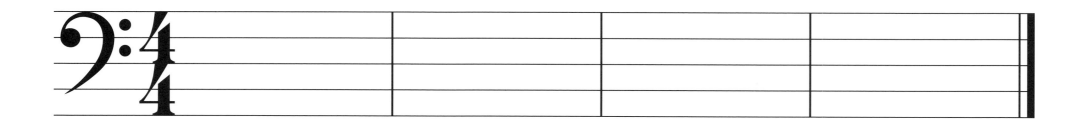

れ ど ら ー そ ふぁ れ ー し れ ら そ み ー ど ー

せんでむすびましょう

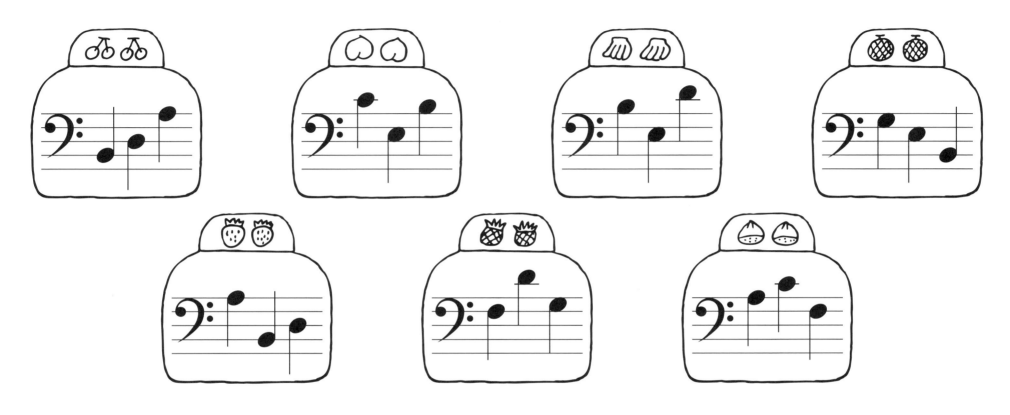

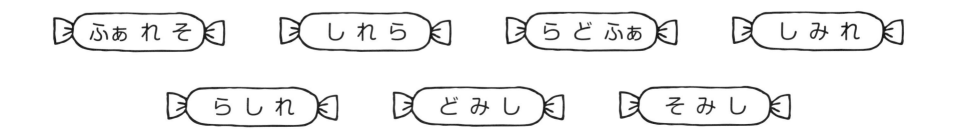

コーヒーカップのなかにおとのなまえをかきましょう

どきどきクイズ10　「こぎつね」になるようカードをならべましょう

カードのじゅんばん
( )( )( )( )( )( )( )( )( )( )

おんぷをかきましょう

み － ら － れ ふぁ そ － れ ど し ら そ み ど －

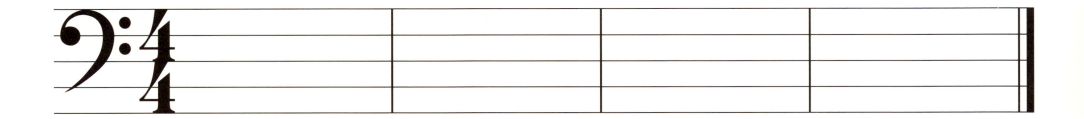

ど （うん） し （うん） れ ふぁ （うん うん） そ み れ ら ふぁ れ ど （うん）

どきどきクイズ11　おさらのおんぷをみて、なんのりょうりかあてましょう

エビフライ ‥‥「ら」と「れ」と「し」がはいっている　　オムライス ‥‥「ど」と「み」と「ら」がはいっている
ハンバーグ ‥‥「そ」と「み」と「ふぁ」がはいっている

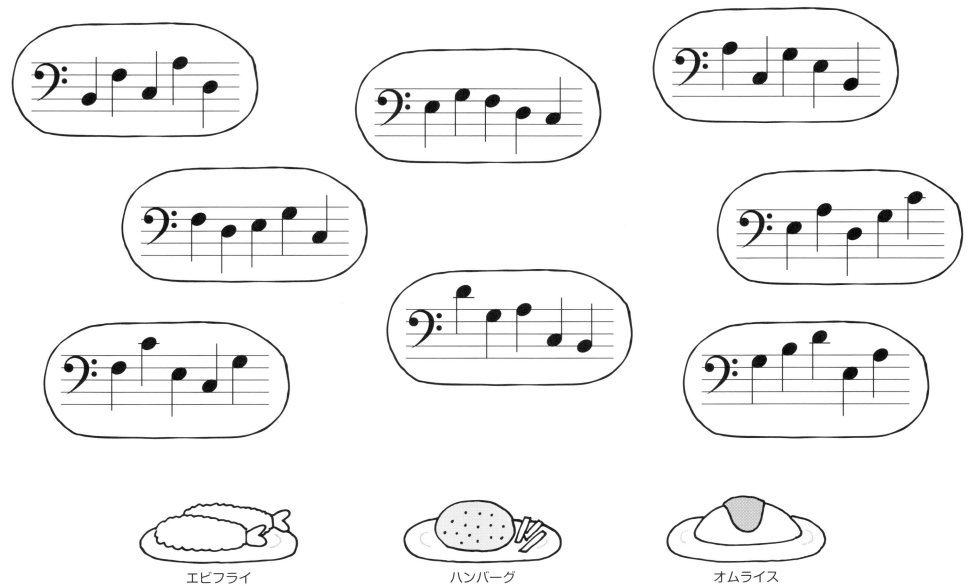

コーヒーカップのなかにおとのなまえをかきましょう

どきどきクイズ12　せいざのかたちとながれぼしをせんでむすびましょう

☆ そどれらしふぁど　　☆ らどれそみしれ　　☆ ふぁらどそしれみ

☆ ふぁしみれそどら　　☆ どしふぁれそみら　　☆ そしふぁらみしれ

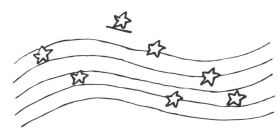  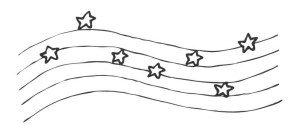

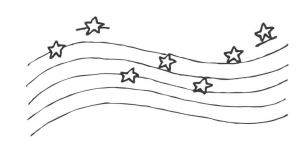  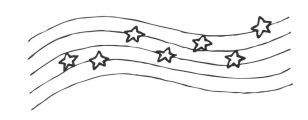

どきどきクイズ 13

くまさんのマフラーのなかにないおとはなんでしょう
（　）のなかにかきましょう

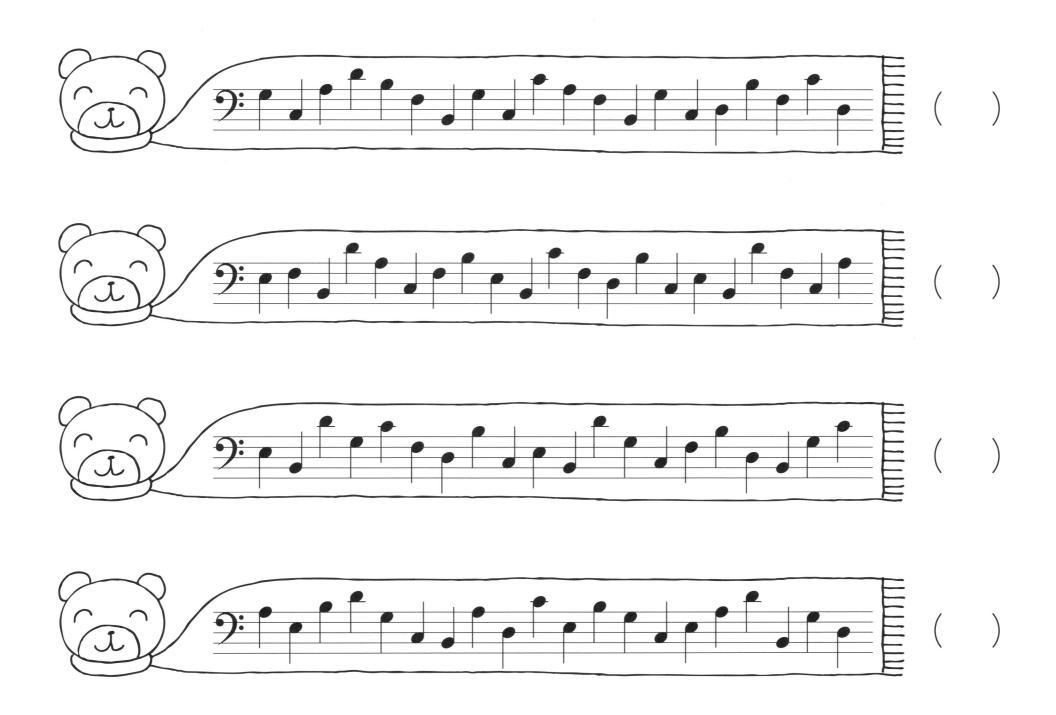

〈画期的な進歩を促す左手シリーズ〉

「らくらくへおんきごう こどものひだりて ①〜③」
（たのしいうたつき）　　各定価［1,200円＋税］

初めて両手を習う時、ト音記号とヘ音記号が混乱した時にヘ音記号を集中的にトレーニングするとピンチを脱出することができます。先生との連弾で楽しくレッスンできます。

「最強の左手トレーニング ①〜⑤」
各定価［1,200円＋税］

誰もが動かしにくい左手を、両手のユニゾンではなく左手だけ単独でトレーニングすることにより、よく動く左手を作っていきます。コツコツしたトレーニングは、比較的すぐに効果を実感することができ、なめらかな両手の基礎となります。

「たのしい！かんたん！ 左手ピアノ ①②」
（CDつき）　　各定価［1,800円＋税］

左手で苦労している人が楽しみながら左手をトレーニングするテキストで、伴奏にまわることの多い左手でメロディーを弾きながら、さらに左手だけのソロを目指します。ト音記号の音だけで構成されており、童謡、クラシック、ジャズまで幅広いレパートリー。

〈書籍のご案内〉

「1才からのピアノ・レッスン」（21世紀の新しい音楽教室のために）
　著者の経験に基づいたユニークな指導書。小さいお子様のレッスンでお困りの先生方に一筋の光を与えます。すぐに役立つレッスン・スケジュールつき。

「2才からのピアノ・レッスン」（小さい子の上手な教え方）
　リズムと音感のトレーニングから小さい子の扱い方、2才から6才の教え方を具体的に説明します。便利な体験レッスン・プログラムつき。

「ピアノ・レッスン知恵袋」（テキスト選びとレッスンのヒント）
　小さい子から高齢者まで年齢別に詳しく解説した指導書。レッスンの組み立てから生徒の励まし方まで楽しく早く上達する方法を提案します。

各定価［本体1800円＋税］

〈小さい子のための新しいレッスン・シリーズ〉

「ぴよぴよピアノ ①〜③」
（ぴよぴよゲームつき）　　各定価［1,300円＋税］

小さい子の初めてのレッスンを楽しく進められるようにと考えて作られたテキスト。最初は色音符で導入し、「ぴよぴよゲーム」で徹底的に音符を覚えて普通の音符へと進みます。歌のページでリズムを理解し、右手と左手を別々にトレーニングします。

「おんぷだいすき！ ぴよぴよワーク・ブック ①〜③」
各定価［950円＋税］

ト音記号のドレミ、ヘ音記号のドシラと入っていくテキストの併用教材として作られています。とても大きな音符で、小さい子でも楽しく学べます。線結びや色ぬり、譜読みの練習など、子供たちが音符を好きになるシリーズです。

「発表会のためのソロ曲集 ぴよぴよコンサート ①〜③」
（たのしい両手）　　定価 ①②［1,200円＋税］
　　　　　　　　　　　　③［1,400円＋税］

習い始めたばかりの生徒さんの発表会のための曲集です。1巻はドレミとドシラ、2巻はドレミファとドシラソ、3巻はドレミファソとドシラソファで構成されています。発表会のためのステキな一曲をぜひこの曲集から選んであげてください。

サーベル社より好評発売中

遠藤蓉子ホームページ　http://yoppii.g.dgdg.jp/　　【YouTube】よっぴーのお部屋

著　者	遠藤蓉子
DTP	アトリエ・ベアール
発行者	鈴木廣史
発行所	株式会社サーベル社
定　価	［本体950円＋税］
発行日	2021年4月25日

へおんきごうのワーク・ブック ③
（どきどきクイズつき）

〒130-0025　東京都墨田区千歳2-9-13
TEL 03-3846-1051　FAX 03-3846-1391
http://www.saber-inc.co.jp/

この著作物を権利者に無断で複写複製することは、著作権法で禁じられています。
万一、落丁・乱丁の場合は送料小社負担でお取り替えいたします。

ISBN978-4-88371-770-5 C0073 ¥0950E